Discovery Education 探索·科学百科（中阶）

2级B3 印第安文化

全国优秀出版社
全国百佳图书出版单位

广东教育出版社 学乐

中国少年儿童科学普及阅读文库

探索·科学百科™ 中阶

印第安文化

2级B3

[澳]梅瑞迪斯·柯思坦⊙著
唐敬尧(学乐·译言)⊙译

Discovery
EDUCATION™

全国优秀出版社
全国百佳图书出版单位
广东教育出版社

广东省版权局著作权合同登记号
图字：19-2011-097号

本书原由 Weldon Owen Pty Ltd 以书名*DISCOVERY EDUCATION SERIES · Life in a Tepee*

（ISBN 978-1-74252-175-6）出版，经由北京学乐图书有限公司取得中文简体字版权，授权广东教育出版社仅在中国内地出版发行。

图书在版编目（CIP）数据

Discovery Education探索·科学百科. 中阶. 2级. B3，印第安文化/［澳］梅瑞迪斯·柯思坦著；唐敬尧（学乐·译言）译. 一广州：广东教育出版社, 2014.1
（中国少年儿童科学普及阅读文库）
ISBN 978-7-5406-9313-8

Ⅰ.①D… Ⅱ.①梅… ②唐… Ⅲ.①科学知识一科普读物 ②美洲印第安人一民族历史一少儿读物 Ⅳ.①Z228.1 ②K708-49

中国版本图书馆 CIP 数据核字(2012)第154603号

Discovery Education探索·科学百科（中阶）
2级B3 印第安文化

著 ［澳］梅瑞迪斯·柯思坦　　译 唐敬尧（学乐·译言）

责任编辑 张宏宇 李 玲 丘雪莹　　助理编辑 王 澍 于银丽　　装帧设计 李开福 袁 尹

出版 广东教育出版社
　　地址 广州市环市东路472号12-15楼　　邮编：510075　　网址：http://www.gjs.cn
经销 广东新华发行集团股份有限公司　　　　　印刷 北京顺诚彩色印刷有限公司
开本 170毫米×220毫米 16开　　　　　　　　印张 2　　　字数 25.5千字
版次 2016年5月第1版 第2次印刷　　　　　　装别 平装

ISBN 978-7-5406-9313-8　　定价 8.00元

内容及质量服务 广东教育出版社 北京综合出版中心
　　　　电话 010-68910906 68910806　　网址 http://www.scholarjoy.com
质量监督电话 010-68910906 020-87613102　　购书咨询电话 020-87621848 010-68910906

目录 | Contents

家在大平原

曾经有 30 多个不同的美洲印第安部落，生活在北美的大平原区。这片区域幅员辽阔，从西北部的落基山脉寒冷的山麓小丘，一直延伸到南部气候温暖的密西西比河谷。包括夏延族、布莱克福特族和苏族在内的诸多部落，曾经在这片土地上种植玉米，捕猎野兽。由支架和野牛皮搭成的圆锥形帐篷，就是他们赖以安身的居所。

宜居之家
圆锥形帐篷的立面十分陡峭，背面抵御西风，入口处朝向日升的东方。帐篷里存放着家庭成员的财物，组成一个宽敞的生活空间。

各地大不同
北濒冰封雪冻的北极沿海，南临温暖的东南沿海地区，美洲印第安部落遍布整个大陆。这幅地图的中间部分就是"大平原"地区。

亚北极区　北极

北美西海岸

高原

大盆地

加利福尼亚

大平原

东北地区

西南地区

东南地区

圆锥形帐篷群落

人数众多的部落族群，会把他们的圆锥形帐篷环绕安放。环形帐篷群落里有严格的行为准则。敞开的帐篷意味着欢迎来客；男人右侧进门，女性左侧进门；人与火焰之间，不许旁人穿过；帐篷的主人如果开始清理烟斗，访客就该起身告别。

通风褶盖

两根长杆支起的褶盖，用来排出烟雾。

C字形营地

圆锥形帐篷群落呈开口朝东的C字形。

帐篷入口

圆锥形帐篷的入口呈椭圆或V字形，兽皮做的门帘简单易开。

炉火

为了方便排出烟雾，炉火被放在出烟口的下方。木柴堆放在入口旁。

部落迁移

为了寻找食物或是逃避敌人，印第安人的圆锥形帐篷很易于折叠和携带。起初人们在"狗拉雪橇"的帮助下搬运物资，它由两边的木杆和中间的皮革平台组成。后来，西班牙探险者把欧洲的马匹带到北美，马从此取代了犬类成为拉雪橇的帮手。长雪橇、雪鞋以及狗拉雪橇，它们帮助人们穿越茫茫雪地。

灵犬

生活在大平原上的人们把他们挚爱的驯马称为"灵犬"或"医犬"。马不仅是身份的象征，也被主人用于捕猎和打仗。男人与驯马的感情极为深厚，骑马时不用马鞍，而女性骑马时常使用精心装饰的马鞍。

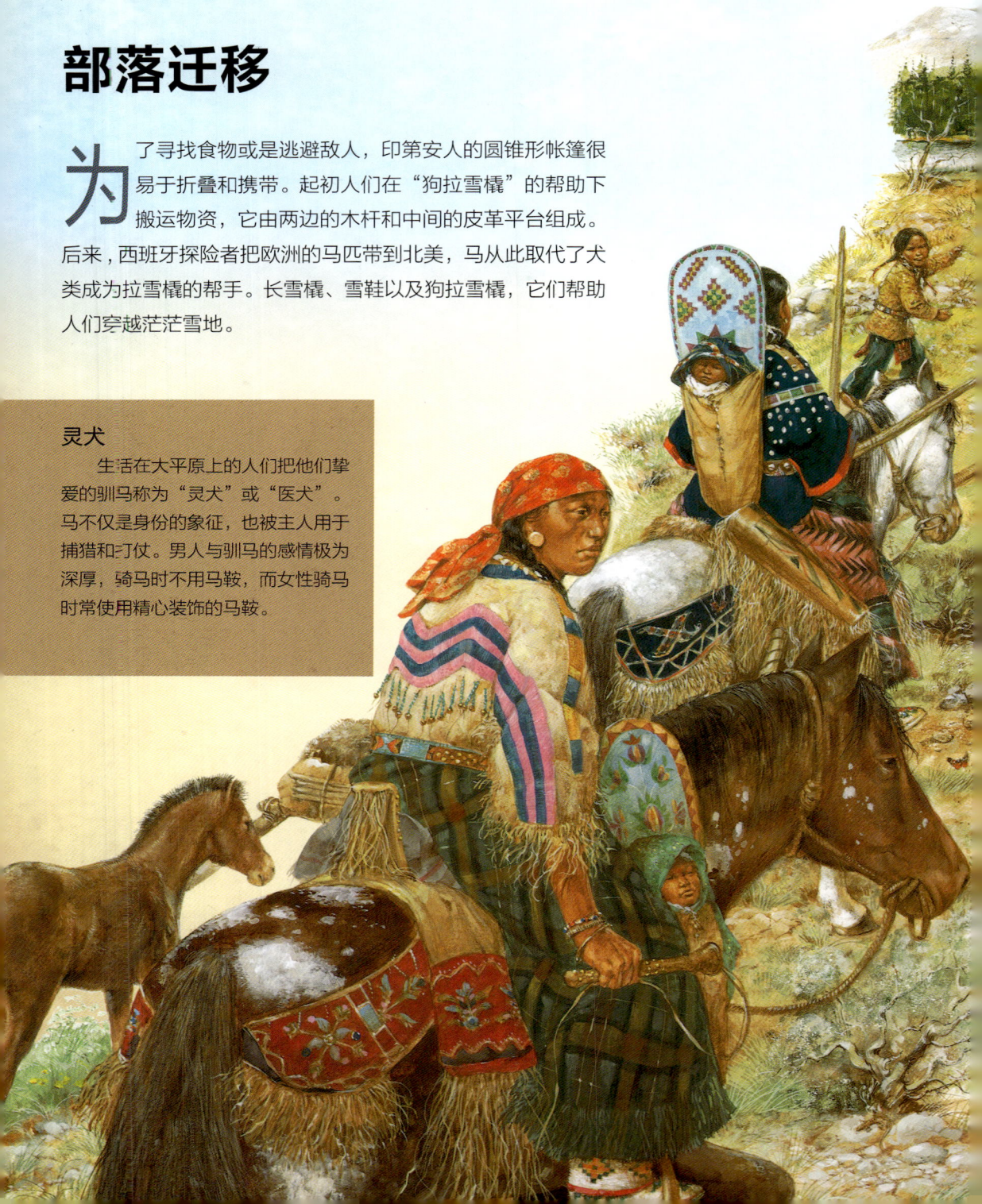

水路交通

人们用船只捕鱼、运送物品，往来穿梭于狩猎地之间。加利福尼亚地区的丘马什人用松木板造独木舟，其他部落则用桦树皮或雪松木造独木舟。一名曼丹族女性在拨桨划船，她用的牛皮舟由野牛皮和柳木制成。

手语

印第安人分散地居住在不同的群落里，他们缓慢地改变和发展新的语言。为了方便部落间的交流，当地人发明了手语。无论是谋求和解，还是商谈生意，不同部落成员间不是用言语交流，而是用手语。

问候　　　　　　正在骑马　　　　　　和平　　　　　　朋友

猎捕野牛

对于大平原上的部落来说，野牛的意义非同寻常。它们不仅是人们的肉食来源，而且全身都有用处：多毛的皮革可以制作成衣物或帐篷盖；骨头可以雕琢成工具或当作雪橇上的滑行杆；牛角可以制作餐具或磨成火药；牛肚变成了烹饪炊具；牛粪是篝火燃料；牛脂可以炼成蜡烛和肥皂。

野牛跳崖

几千年来，大平原上的狩猎者把野牛群驱赶上悬崖，让它们惊慌失措、四处逃窜，直至濒于绝境、跌入崖底。

"野牛碎头崖"，位于加拿大亚伯达省南部的波丘派恩山，是有名的野牛坠崖处。

一群野牛正被赶往悬崖

狩猎方法

狩猎者有好几种捕获野牛的方法——被驱赶的成群的野牛或是跌落山崖，或是身陷积雪。身披野牛袍的猎手还会将野牛群引入狭长的深谷，再用长矛将其刺死。如果猎人们骑着马，他们还会把牛群赶到一个受限的区域内，尽可能地靠近牛群，然后用弓箭或枪射死它们。

膳食习惯

当男人们外出狩猎时，女人们则待在帐篷里采摘、烹调和储藏食物。人们餐无定时，只有当饥饿难耐、满载猎物归来或是招待客人时，才吃些东西充饥。食物总是平均地分给大家，即使在勉强果腹的情况下也不例外。在野兽、植物变得稀少难觅的冬季来临前，绝大多数部落都会储藏粮食以备不时之需。

晒干的食物

在食物充足的温暖时节，余下的食物被储藏起来过冬。切成细条状的野牛肉被挂在木架上晒干，或是在太阳下铺开晾晒；鱼、野生浆果、玉米和其他蔬菜也以同样的方式晾晒保存。

采摘食物

　　妇女们每天都要花几个小时来寻找食物。浆果、李子、根菜、蔬菜，它们是天然生长的食物。把多余的浆果和肉类、脂肪一起磨碎混合，就做成了富有营养、能保质数月的"干肉饼"。

采摘浆果

　　生长在野外的浆果有40多种，比如蓝莓和覆盆子。

炊具

　　印第安人利用简单的厨具就能在户外做饭。户外的火炉能烘烤玉米面包。肉类则是在火上烧烤，或是在坑里烹调，也可以用兽皮或野牛肚制成的容器烹饪。炖肉，就在容器里加水，再放入灼热的石头烹炖。后来，欧洲商人带来了金属锅和铜壶，烹饪变得更加轻松简单。

玉米

　　妇女们清洗并捣碎收获的玉米，制作玉米粉圆饼和玉米面包。

衣着和服饰

美洲印第安人身着盛装出席仪式典礼，而他们的日常穿着则更讲求实用。男人穿紧身裤与缠腰布、衬衫或是长罩衫。女性穿紧身裤和宽松的连身衣裙。冬季还另有斗篷和披肩用于御寒。衣服的原料来自鹿、野牛、驼鹿或兔子的皮毛。他们用野兽的肌腱做成缝纫线，然后用骨针把皮料缝制成衣。

风格各异

每个北美印第安部落都有自己风格独特的服饰。上图所展示的是布莱克福特部落的酋长及其妻子的着装。

野牛皮制革

大平原部落的人们穿着的衣物大多来自野牛皮革。女人们先将生皮展开弄平整，刮除脂肪和肉质，然后用煮熟的动物大脑的混合浆把里子涂抹一遍，再放到太阳下晒干。接下来它还会被再次浸泡后晒干。最后一步是将生皮悬挂在树枝上，来回反复拉扯直至变软。

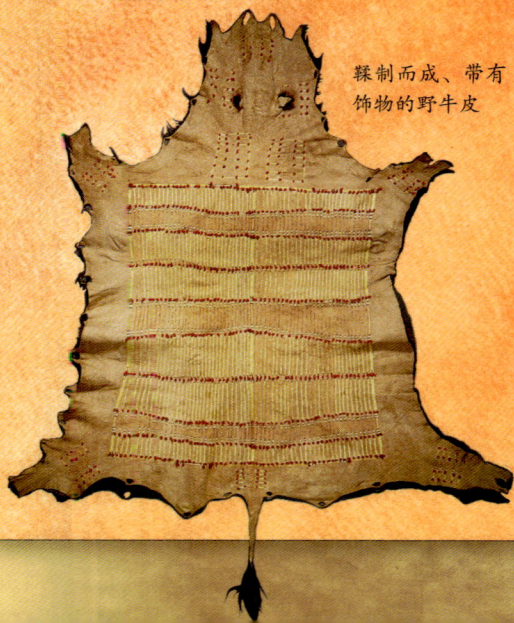

鞣制而成、带有饰物的野牛皮

珠饰印第安软皮鞋

手工缝制的印第安软皮鞋，鞋底或硬或软，用染色的豪猪刺和制作精良的珠饰点缀。

仪式装束

在特别的场合，无论男女都身穿礼袍。这些礼袍以软鹿皮为料制成，饰有须边和豪猪的刺。大平原部落的男酋长和战士头戴全尺寸的战帽。战帽由一排排的雄鹰羽毛镶嵌而成，饰以貂尾和精美珠饰。

战帽

大平原部落的战士头戴羽饰战帽，手持战斗棒。战帽上的每根羽毛，都是需要做出勇武之举才能得到的。

成长教育

婴儿被母亲放在背上，紧紧地绑在"摇篮板"上。一旦婴儿长大成为儿童，则由大家庭的父母及其他长辈共同照看。他们不去学校上学，而是通过模仿成人学会新的技能。他们 13 岁时，就已经完全明白如何成为部落中活跃的一员。

故事会

一个部落的历史和文化遗产通过讲故事的方式，口口相传，代代相承。一些故事讲述了部落祖先们的英雄事迹。

幼与长

家族中的年幼者围坐在部落年长者的身边，聆听故事。民间传说和寓言故事解释了当地动植物的由来。

长曲棍球"门柱"

鹿皮球

网兜球拍

球赛

许多部落打长曲棍球或棒球比赛。长曲棍比赛曾被称为"战争中的小兄弟"，经常用来解决部落间的争端。激烈的比赛能持续一整天。运动和竞技比赛能提高男性狩猎和搏斗的技能，同时考验他们的力量、勇敢与耐力。

婴儿的姓名通常由家族的长辈挑选，而不是由父母决定。

学习新技能

年长者用部落传统的方式教育儿童。男孩学习制造工具和武器，以及如何打猎和战斗。女孩学习家务技能，如厨艺、制陶、编筐、缝纫、做洙饰以及刺绣。无论男孩女孩都会跳部落的传统舞蹈。

射靶练习

苏族男孩在学习怎样拉弓射箭。长耳野兔成了他们的活靶子。

狂欢典礼

宴 饮，歌唱，击鼓，这是印第安人的狂欢典礼——美洲印第安人为庆祝生命的轮回，会在固定的季节举行宗教庆典。舞蹈最早是作为宗教仪式，在战士们狩猎、征战的前后表演。在今天，众多美洲印第安部落的成员们相聚在一起，举行庆典，重温他们的传统与文化。

传统在延续

狂欢典礼，是美洲印第安人传统的欢乐庆典。狂欢典礼的传统遍布全北美，它们以歌舞和手工艺品为特色。整个夏天，传统舞者会在多个狂欢典礼上表演舞蹈。

对于狂欢典礼来说，击鼓声如同心跳声般重要。击鼓声将鼓手、歌者和舞者的心连接到了一起。

烟斗仪式

美洲印第安人在狂欢典礼上举行庄重的吞吐烟斗仪式，以求神灵相助订立战约或合约，或祈求降雨。他们也可能会为一次收获颇丰的狩猎，一份令人满意的贸易协定，或者是交易契约的确认，向神灵祈求帮助。

烟斗

由黏土、木材或软皂石制成斗状部分，烟杆是空心木管。

生命轮回

举行庆祝生命轮回的狂欢典礼时，人们层层围坐形成一个大圆环。中心地带是舞蹈表演区，又称"树阴处"。鼓手和舞者组成稍外的一环，继而又被成圈的观众和货摊围绕。

灵性生活

生活在大平原地区的人们十分注重与自然世界和谐相处，他们尊重土地和周围的动物，崇拜创造万物的"大神"。人们相信天空、大地、植物和动物，甚至河流和群山等"万物有灵"，必须得到尊重。他们通过歌舞、吟唱和祈祷与众多神灵相通。

你知道吗？

雷暴来自哪里？印第安人会用雷鸟能产生电闪雷鸣的传说来解释。

太阳舞

许多部落表演不同样式的太阳舞向"大神"祈祷，以求安定、富足。舞蹈持续数天，只有男性参加。在一些表演中，舞者环绕一根高高的柱子组成大圆圈，向着太阳跳跃，或伏地起舞。

部落长老

　　部落成员景仰长老的知识和智慧。根据力量、勇气和智慧这三项条件，人们推选一位酋长来领导部落。酋长在战士和其他长老的帮助下领导部落。长老们精于治疗疾病，熟悉通灵学问。

圆的象征

　　肖松尼族勇士身着传统战袍。战马眼眶外涂画的圆，象征生命与死亡的循环。美洲印第安人相信是"大神"将自然万物塑造为圆形，比如太阳、天空、月亮、地球。

巫医及药草

治疗病人的医者叫做"萨满巫医"，又称男、女医者。萨满巫医利用草本植物治疗多种疾病，同时还会表演伴乐舞蹈的治疗仪式。他们与神灵对话，以获得神灵的帮助和指引。萨满巫医也会祈求神灵保护部落的战士，或是祈求上天降雨。

制作药材

在制作药材的同时，萨满巫医反复吟唱并摇着一个拨浪鼓发出脆响，以求得神灵相助。药物的原料是碎叶、树皮粉末以及植物的根。

治愈舞蹈

　　一群人表演着一场麋鹿医治舞。表演医治舞蹈是为得到神灵的帮助，以求治愈疾病或结束干旱。

显赫的萨满巫医、部族领袖

　　苏族酋长塔唐卡·约塔克，人称"坐牛"，他是美洲印第安人中声名显赫的领袖之一。他不仅因为在战场上无所畏惧的表现而受到敬重，同时他也是一个宽宏大量、智慧不凡的人。"坐牛"早在20岁时就成为了萨满巫医，深信各种超自然幻象。

领袖

　　1867年，酋长"坐牛"（1831-1890）成为苏族部落联盟的领袖。

医药包

　　萨满巫医将药物存放在生牛皮包里。医药包里还有皮革或布料包裹的念珠、骨头和石头，它们被认为具有特殊的力量。

艺术和手工

美洲印第安人善于制作日常生活中使用的精美物件。他们的艺术和手工有着大胆奔放的色彩、图案和设计，如今已风行全球。仪式礼服以及碗、鼓、烟斗一类的宗教物品，都装饰得华美精细。对它们的拥有者来说，这些物品意义不凡，是他们生活和成就的见证物，或是其在部落地位的象征。一些图案描绘故事，一些图案则与神灵有关。

编织

纳瓦霍人的棉、羊毛织物图案大胆奔放，颜色鲜艳丰富。他们也编织轻柔保暖的毯子。这些毯子都是其他部落领袖赠送酋长的礼物。纳瓦霍人自己栽种棉花、畜牧羊群，西班牙殖民者最先带来了这些绵羊品种。

图案与设计

这块由野牛皮鞣制而成的坚硬皮革，用来在长途旅行中储存牛肉干。各种图案常常象征绵延的生命或是不同的季节。

你知道吗?

祖尼人相信植物和动物的神灵居住在与其形态相似的"物体"之中。这些被奉作神明之物的物体，要么是未经雕饰的石头，要么是手工雕刻品。

珠饰

　　念珠主要被用来装饰衣物和软皮鞋。起初，美洲印第安人用天然材料制作念珠——贝壳、兽骨、兽角、兽齿、石头和琥珀。欧洲商人到来后，美洲印第安人也开始使用玻璃念珠作为饰物。各个部落的珠饰因颜色搭配、风格和缝纫的方式各异而不同。大平原的珠饰风格以精致复杂的皮特约仙人掌编织法为特色。东部林地的印第安部落用白色和紫色贝壳制作仪式用的配饰。

护胸铠甲
　　它饰有豪猪刺、彩色念珠以及野兽皮毛制成的须边。

印第安战斧
　　饰有念珠的流苏，挂在精雕细刻的印第安战斧——木斧柄上。最早用石头做斧身，后来用金属制作斧身。

印第安软皮鞋
　　野牛皮和鹿皮缝制的印第安软皮鞋，常以纵横交错的念珠作为装饰。

冲突与战争

不同部落间经常会因为绝佳的狩猎地或是农场区发生争执。有时他们会为报仇或是赢取战功而诉诸武力。尽管他们偶尔折磨战俘，甚至剥取他们的头皮，但战士们最多采取的战略还是趁夜突袭敌营，偷走敌方的马匹，旋即离去。大平原战士的征战武器有弓箭、匕首、战斧、棍棒和长矛。

军事首领

战功赫赫的勇士被授予军事首领称号，穿着仪式性的装束。

勇气的标志

通过观察战帽上的羽毛，就可以认出这个战士有哪些战功。这些羽毛又称战羽，像打倒敌人、剥取头皮或是偷窃马匹这样的英勇事迹被称为一次"棒击"。

割喉

羽毛顶端被斜着剪断，意味着战士曾将敌人割喉。

剥取头皮

羽毛中间有切口，意味着战士不但将敌人割喉，还剥取了敌人的头皮。

遍体鳞伤

羽毛叉分成两半，意味着战士曾在战场多次受伤。

战马

　　大平原的战士们策马征战。战士与战马分享荣誉，战士身上象征功过得失的图案，也同样标记在战马身上。

战利品

　　一些部落剥去敌人的头皮以示光荣。头皮被认为是死人灵魂的寓所。

哀悼图标

战团领袖

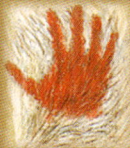
徒手杀人

装饰战马尾

　　战马的尾巴时常被修整、涂色，饰以雄鹰的羽毛。

多次棒击

　　羽毛边缘呈锯齿状，宣示它的主人曾经打倒了众多的敌人。

一次负伤

　　羽毛被染成红色，表示它的主人在战场受过一次伤。

杀死敌人

　　羽毛上有红点，象征它的主人杀死过敌人。

"翁迪德尼"港大屠杀

　　1890年，美国骑兵迫使苏族人远走他乡。在奋起抵抗的过程中，许多苏族人丧失了生命。今天的南达科他州地区曾是他们的栖身之所。

变化中的时代

十九世纪，欧洲殖民者开始接管美洲印第安部落的土地，并在他们赖以生存的土地上经营农场。1830年，一部法律被通过，允许联邦政府为被迫离乡的美洲印第安人设立保留地。虽然保留地的学校以白人的教育方式上课，但是美洲印第安人却从未忘记他们来自哪里，从未忘记与他们血脉相连的故土，而且还将他们独有的风俗和传统世代相传。

铁路来啦

　　1860年，横贯北美大陆、连接东西海岸的铁路开始施工建设。为了给铁路轨道腾出路线，原本驰骋在大平原上的野牛群被残杀殆尽。美洲印第安人因为野牛数量锐减而食物匮乏，人口数量不断减少。

不可思议！

　　1872至1874年间，欧洲移民者为了给家畜和农场腾出地盘，大批宰杀野牛，超过350万头野牛死亡。至1900年，野牛近乎绝迹，数量不到1 000头。

眼泪之路

　　约有15 000名切罗基人与其他部落成员一起，被迫背井离乡，艰难地西行至保留地。这条道路又被称作"眼泪之路"。在长途跋涉的过程中，他们风餐露宿，饥饿和疾病伴随始终。当历经艰辛终于踏上"目的地"时，4 000人早已客死他乡。

制作属于你的"帐篷"

美洲印第安人用树枝和野牛皮制作圆锥形帐篷。用厚纸和小木棍制作属于你的帐篷模型，再利用这本书里的一些图案，来装饰你的"帐篷"吧。

1 将小木棍集成一束。用橡皮筋或麻绳在距离棍束上端6.35厘米处松松地捆绑棍束。然后展开棍束，散成三角形。

2 将帐篷架按住，平放在纸片上。用铅笔沿帐篷架边缘勾描出轮廓。从纸片上剪下这个三角形模子。

3 展开杂货纸袋或大张厚纸。将三角形模子放在纸上，沿三角形边缘在纸上勾描出轮廓。

4 将三角形模子贴近新描出的三角形轮廓，长边与长边相邻。沿着新的相邻三角形边缘，勾描出轮廓。这样的步骤再做两次。

5 沿着新图案的外围边缘剪下。在一个三角形上剪出一个小门。

6 用符号和图案装饰纸的外表面。

7 把内表面沿着铅笔画的线向外折叠出明显的折痕，在折叠处放一个木棍，形成一个内部框架，然后把棍子捆绑起来。

8 把纸制模型变成圆锥形帐篷的形状：剪掉帐篷模型顶端，让小木棍能够伸出来。最后将顶部小木棍的末端用胶带粘在一起，大功告成。

祝你在帐篷里生活愉快！

准备材料：
- ☑ 小木棍或细枝条，四根，长约30厘米。
- ☑ 橡皮筋或者是细绳。
- ☑ 纸片，一张。
- ☑ 铅笔，一只。
- ☑ 剪刀。
- ☑ 大的杂货纸袋或厚纸。
- ☑ 马克笔、彩笔、蜡笔或涂画颜料。
- ☑ 胶带。

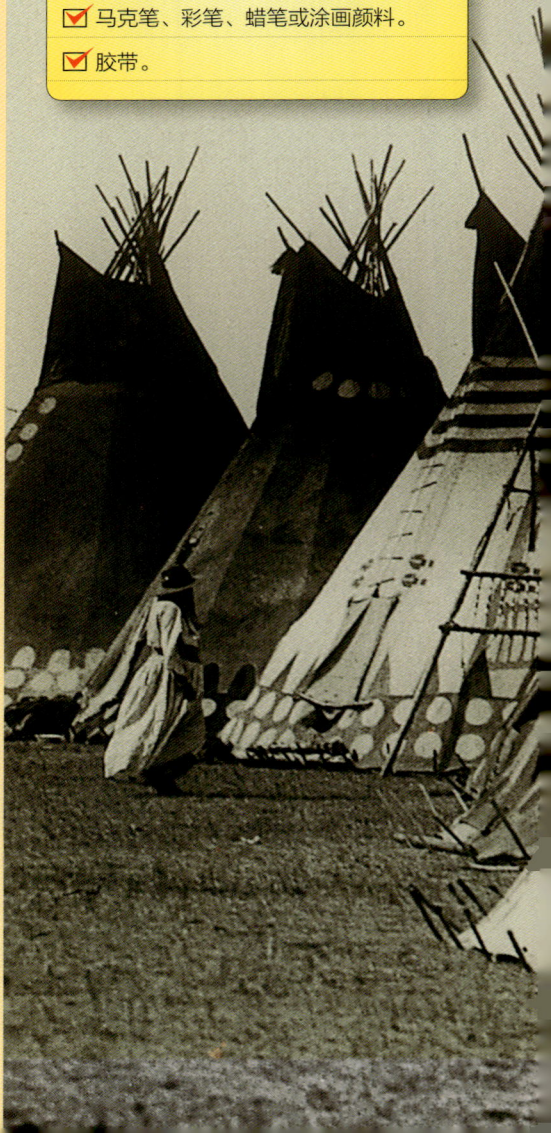

知识拓展

野牛碎头崖(buffalo jump)
　　美洲印第安狩猎者驱赶野牛跌落的悬崖。

战斗棒(coup stick)
　　一些美洲印第安战士手持的棍棒，用来在战斗中打击敌人表现自己的勇敢。

摇篮板 (cradleboard)
　　美洲印第安妇女用来背负婴儿的木质框架。

大平原 (Great Plains)
　　北美中部幅员辽阔的大草原，北起加拿大的亚伯达省、萨斯喀彻温省和马尼托巴省，向南一直延伸至美国得克萨斯州。

大神 (Great Spirit)
　　美洲印第安众多部落信仰的至高无上的神。

长曲棍球 (lacrosse)
　　美洲印第安人发明的球类运动，由两队手持顶端有网状袋子的长柄钩形球棍，力争将球推进对方的门里。

大屠杀 (massacre)
　　大规模、不加选择地杀戮人或动物。

干肉饼 (pemmican)
　　美洲印第安人将瘦肉、干肉条碾碎成糊状，混有脂肪和浆果，最后压成小饼。

狂欢典礼 (powwow)
　　美洲印第安人举行的庆典，经常伴有盛宴、舞蹈，以求疾病治愈或是狩猎满载而归。

河谷 (ravine)
　　既深且狭的山谷或河流冲刷形成的峡谷。

保留地 (reservation)
　　专为某一特殊目的而划出来的一片公共土地，比如提供给从原始狩猎地驱逐出来的美洲印第安部落。

萨满巫医 (shaman)
　　印第安部落中能和神灵对话的男、女医者。

手语 (sign language)
　　不同语言的说话者交流用的肢体语言。

肌腱 (sinews)
　　连接组织和骨骼的带状肌肉纤维。

狗拉雪橇 (travois)
　　由动物拉车的陆上交通工具，两边是木杆，中间是由皮革制成的平台。

战帽 (war bonnet)
　　美洲印第安人的头饰，由束发带和装饰性的尾羽组成。

探索·科学百科

Discovery
EDUCATION™

世界科普百科类图文书领域最高专业技术质量的代表作

小学《科学》课拓展阅读辅助教材

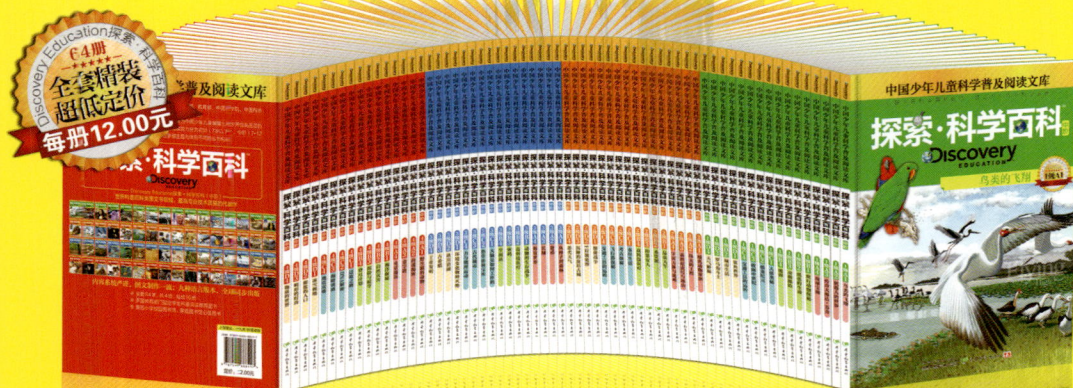

64册
全套精装
超低定价
每册12.00元

中国少年儿童科学普及阅读文库

探索·科学百科
Discovery
EDUCATION
鸟类的飞翔

Discovery Education探索·科学百科（中阶）丛书，是7~12岁小读者适读的科普百科图文类图书，分为4级，每级16册，共64册。内容涵盖自然科学、社会科学、科学技术、人文历史等主题门类，每册为一个独立的内容主题。

Discovery Education
探索·科学百科（中阶）
1级套装（16册）
定价：192.00元

Discovery Education
探索·科学百科（中阶）
2级套装（16册）
定价：192.00元

Discovery Education
探索·科学百科（中阶）
3级套装（16册）
定价：192.00元

Discovery Education
探索·科学百科（中阶）
4级套装（16册）
定价：192.00元

Discovery Education
探索·科学百科（中阶）
1级 分级分卷套装（4册）（共4卷）
每卷套装定价：48.00元

Discovery Education
探索·科学百科（中阶）
2级 分级分卷套装（4册）（共4卷）
每卷套装定价：48.00元

Discovery Education
探索·科学百科（中阶）
3级 分级分卷套装（4册）（共4卷）
每卷套装定价：48.00元

Discovery Education
探索·科学百科（中阶）
4级 分级分卷套装（4册）（共4卷）
每卷套装定价：48.00元